CROIRE UNE AVENTURE ENSEMBLE

Auteurs :
D. RÉGNIER et S. LALANNE,
Direction de l'Aumônerie de l'Enseignement Public de Versailles
G. GOBERT, Directeur de l'Enseignement religieux de versaille
B. THÉRAUD, Directeur de l'Enseignement religieux de Vannes

Dessins :
J.F. PRÉVOST

Photos : G. CRESPEL

Mame

CROiRE
MAIS OÙ VONT-ILS DONC ?
JE N'AI PAS ENCORE ATTEINT LE BUT
JE POURSUIS MA COURSE ...
JE N'AI QU'UNE PENSÉE
OUBLIANT LE CHEMIN PARCOURU,
TENDU TOUT ENTIER EN AVANT,
JE COURS DROIT VERS LE BUT :
REPONDRE A L'APPEL QUE JESUS ME LANCE DE LA PART DE DIEU ...
ALORS TU VOIS QUELQUE CHOSE !

Voici 11 mots dont les lettres ont été disposées pêle-mêle (comme dans le jeu "les chiffres et les lettres")

- Reconstitue chaque mot
- En suivant les lignes horizontales fais entrer chaque mot dans la grille à la ligne et à la place qui lui conviennent.

EVRIV

SRRPEEE

TERBEIL

BEMELESN

ECRNRETONR

IOJE

PLEPA

ARPREGTA

EATVRUNE

SOERPEN

HXICO

Pour toi que signifient ces 11 mots ?
Pourquoi les a-t-on choisis ?
Quel est celui qui te plait le plus ?

NOUS ON VEUT VIVRE !!!
MOI J'AIME PAS LA VIE
MAIS C'EST QUOI ? VIVRE?
VIVRE À 100 À L'HEURE

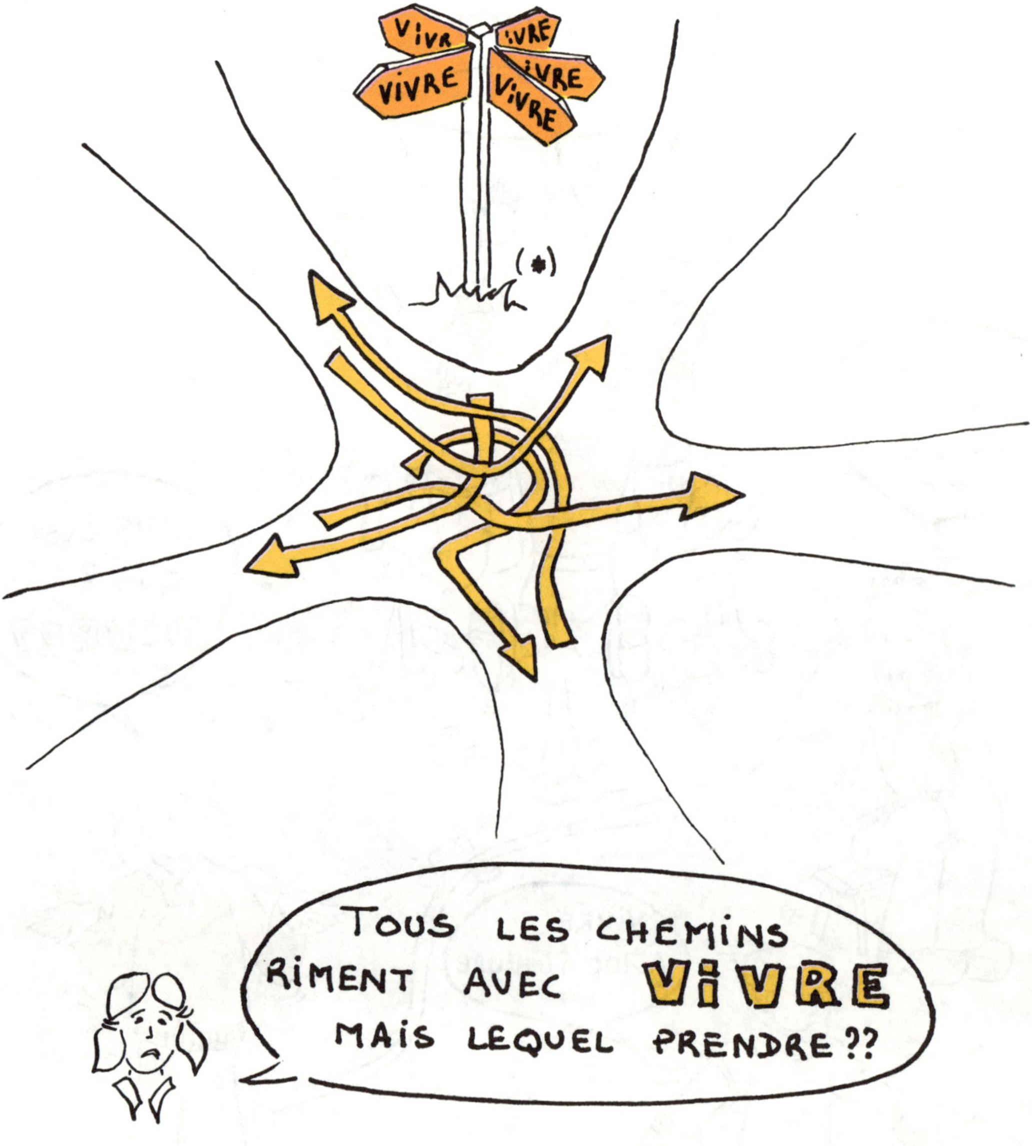

(*) Suivez la flèche ... oui mais laquelle ???

MÊME SI J'ÉTAIS PETIT CAILLOU...

"Gelsomina, grande fille de 14 ans, est écœurée de vivre avec cette brute de Zampano... Un soir, elle rencontre "Il matto" (le fou). Il va lui révéler le secret du bonheur...

- Qu'est-ce que je fais au monde ? Je ne sers à personne... J'en ai marre de vivre... gémissait Gelsomina.
- Mais toutes les choses qui existent servent à quelque chose ! Un caillou, par exemple, tiens...
- Lequel ?
- N'importe lequel : celui-là !
- Et à quoi il sert ?
- Est-ce que je sais moi ? Si je savais, je serais le Bon Dieu... Mais il sert à quelque chose... Parce que si le caillou ne servait à rien, rien ne servirait à rien, même les étoiles... C'est comme ça, tu sais, et toi aussi, tu sers à quelque chose avec ta tête d'artichaut...

Le lendemain, lorsque Zampano sort de prison, Gelsomina est là :

- Pourquoi n'es-tu pas partie avec eux ? lui demanda-t-il... Elle ne répondit pas : elle regarda un petit caillou.

Grâce à un petit caillou, Gelsomina fut transformée. Elle savait maintenant pourquoi elle existait, pour qui elle devait vivre. Et sous sa petite tête d'artichaut, elle sentit la joie et le bonheur l'envahir."

Du film "La Strada"

"Je crois à la force de l'amour. Vous, les jeunes, vous devez créer un monde où toutes les races se respecteront et s'uniront comme des frères."

Don Helder Camara

"Pour moi, le Christ est celui qui nous connaît, nous habite. C'est là encore que se trouve notre joie. Pour moi, le bonheur, c'est de vivre le présent avec une espérance et une amitié dans le Christ. Je crois à la joie d'être chrétien".

un pilote d'essai

"Jésus-Christ sait que je ne suis pas parfaite.
Il m'aime et je l'aime. Comme un ami, il est toujours discrètement présent, même si je ne pense pas toujours à lui.
Tout ce que je vis : mes joies, mes peines, mes attentes, mes déceptions je les lui dis comme à un ami."

Anne-Marie, étudiante.

"Jésus-Christ, pour moi c'est quelqu'un en qui j'ai mis ma confiance. C'est lui qui donne un sens précis à ma vie."

Un lycéen.

"Ma foi c'est d'abord que je fais confiance à Jésus, donc à ce qu'il dit. Quelquefois je le comprends de travers, mais ça n'est pas grave. Puisqu'il me fait confiance."

Jérôme, 19 ans.

"Avoir 33 ans, être mariée et avoir 4 enfants en très bas âge, être une épouse et une mère de famille heureuse... et être brutalement clouée par la poliomyélite : voilà ce que j'ai vécu il y aura bientôt 30 ans.
Alors, où trouver la force et la joie de vivre ?
— dans ma famille, d'abord : auprès de ma mère, de mon époux, de mes enfants, et maintenant de mes petits-enfants,
— dans l'amitié aussi ; c'est très important pour moi l'amitié,
— dans le Christ, enfin, parce que je suis chrétienne.
Je crois que c'est l'essentiel de ma joie de vivre."

Plusieurs personnes vont nous dire
ce qu'elles croient important pour vivre...
ce à quoi elles tiennent le plus,
quelle est la place du Christ dans leur vie...

Quelles questions voulez-vous leur poser ?

Tu notes ce qui te paraît important dans les différents témoignages que tu as entendus.

LE
DE
Nous ne pou
ce que nous avo
L'ITINERAI
VIENS ET SUIS MOI
MT 4,1
JN 1,3
TU ES LE CHRIST
MT 16,15-16
MT 26,
PIERRE M'AIMES TU?
JN 21,15-23

Sur les pas
de Pierre ...

Pour prier seul ou à plusieurs

Seigneur, qui es-tu ?
Je ne te connais pas...

Seigneur,
Ce qui fait ma vie, aujourd'hui,
Ce sont mes copains, mes amis,
Ceux avec qui je travaille, je partage, je ris,
Ce qui me passionne et me fait exister
C'est de me découvrir et d'essayer d'aimer.

De tout ça, Jésus tu parais si loin
Qui es-tu ?
Je ne te connais pas...

Et pourtant, aujourd'hui, en regardant ta vie
J'ai envie de te suivre ;
Moi aussi je voudrais répondre à ton amitié ;
Comme ces hommes et ces femmes qui de tous temps
Avec toi se sont aventurés ;
Aide-moi, Seigneur, à m'embarquer.

Je voudrais que tous les deux,
On sache s'apprivoiser.
Tu sais, ce sera long, car souvent je doute
Ou je t'imagine à mon idée.
Aussi Seigneur, aide-moi
A te rencontrer, aujourd'hui
dans mes copains, ma famille, mes amis...
Entraîne-moi sur ton sentier
Avec toi je crois que je pourrais
Apprendre à aimer.

Marie-Laure

Le Seigneur dit au prophète Elie:
"Sors et tiens-toi sur la montagne devant le Seigneur
Voici : le Seigneur va passer."
Il y eut devant le Seigneur un vent fort et puissant,
il soufflait sur la montagne et cassait les rochers.
Le Seigneur n'était pas dans le vent.
Après le vent, il y eu un tremblement de terre.
Le Seigneur n'était pas dans le tremblement de terre.
Après le tremblement de terre, il y eut du feu.
Le Seigneur n'était pas dans le feu.
Après le feu, il y eu le bruit d'un souffle léger
Elie dit : "Le Seigneur est là".

d'après I Rois 19-11.13

Sur les routes des hommes

Sur les routes des hommes, le Seigneur nous attend,
Pour bâtir son Royaume de justice et de paix,
Pour bâtir son Royaume de justice et d'amour.

1- Va sur les routes avec un cœur chantant,
Va, sans bagages, pauvre de tout argent.
Je veux faire de toi un messager de paix
Je veux faire de toi un témoin de l'amour.

2- Va vers le large et jette le filet,
Va, sois sans crainte car je t'ai appelé
Je veux faire de toi un messager de paix.
Je veux faire de toi un témoin de l'amour.

3- Va vers tes frères avec un cœur d'enfant,
Va dire aux hommes : "Jésus-Christ est vivant".
Je veux faire de toi un messager de paix.
Je veux faire de toi un messager d'amour.

T 74 SM 30 805

**La nuit n'est jamais
complète;
Au bout du chagrin
Une fenêtre ouverte,
Une fenêtre éclairée.
Il y a toujours un rêve
qui veille,
Désir à combler,
faim à satisfaire;
Un cœur généreux
Une main tendue,
une main ouverte
Des yeux attentifs
Une vie, la vie à se partager.**

Pau Eluard.

Un adulte dit en qui il croit :

Même si, parfois, après des rencontres manquées, des refus, des échecs, il m'arrive de douter, de me méfier des autres, je crois, Seigneur, que tu vis au plus profond de chaque homme, que chacun peut aimer et mérite d'être aimé...
Je crois, Seigneur, que le Dieu, qu'au prix de ta vie tu es venu révéler, est un Dieu d'amour...
Je crois, Seigneur, que malgré toutes nos limites, tous nos péchés, nous sommes dignes de cet amour...
Je crois, Seigneur, qu'aujourd'hui encore, ton Esprit souffle partout où des hommes abattent des murailles, reculent des Frontières, luttent pour établir entre eux des rapports d'égalité, partout où, semeurs d'Espérance, porteurs de Paix, des hommes rassemblent et créent des communautés...

Des jeunes de 14 ans disent leur foi :

"Seigneur, tu es source de vie, tout le monde le dit.
Seigneur, tu es amour, tout le monde le dit.
Seigneur, tu es humble et pauvre, tout le monde le dit.
Seigneur, tu es Un et pourtant tu es trois, tout le monde le dit.
Seigneur, tu nous a sauvés, tout le monde le dit.
Seigneur, ce que tout le monde dit je ne voudrais pas seulement le dire mais je voudrais aussi le croire.
Alors, quand je t'aurai découvert je m'engagerai par le baptême à t'aider à nous faire t'aimer".

Je me sens libre aujourd'hui
de dire ce que j'ai envie
de dire.

Profession de Foi de jeunes de 5°

— *Je crois qu'on ne peut pas vivre sans partager avec d'autres, sans essayer de s'écouter et de se comprendre.*

— *Je crois que Jésus-Christ nous fait connaître Dieu.*

— *Je crois que Dieu aime les hommes tels qu'ils sont, et que chacun est important pour lui, quelles que soient sa race, son intelligence, qu'il soit chrétien ou non.*

— *Je crois que Dieu me laisse libre de croire, libre de l'écouter et de le suivre.*

— *Je refuse de croire que ma vie est programmée à l'avance.*

— *Je ne crois pas que Jésus-Christ me punit, mais je crois qu'il est toujours prêt à me pardonner.*

— *Je ne sais pas très bien ce qu'est la vie éternelle, mais je crois qu'elle existe car, si Dieu nous a créés, ce n'est pas pour nous laisser tomber.*

Je crois en Dieu qui chante et qui fait chanter la vie

Croire, qu'est-ce que cela veut dire ?

Écris avec tes mots à toi :

— ce qui est important pour toi, pour ta vie ;
— ce à quoi tu crois ;
— en qui tu crois.
— ce que tu as du mal à croire.

Tu écris ici les phrases du credo

que vous avez composé en équipe:

Pour témoigner de sa foi

Juste après la Pentecôte,
Pierre dit à ceux qui étaient là :
"Écoutez ces paroles : il s'agit
de Jésus de Nazareth, cet homme
dont Dieu avait fait connaître
la mission en accomplissant par lui
des miracles, des prodiges et
des signes au milieu de vous,
comme vous le savez bien. Cet
homme livré selon le plan et la
volonté de Dieu, vous l'avez fait
mourir en le faisant clouer à la
croix par la main des païens.
Or, Dieu l'a ressuscité en le
délivrant de la mort. Nous en
sommes tous témoins.
Que toute la maison d'Israël
le sache avec certitude : Dieu l'a
fait Seigneur et Christ, ce Jésus
que vous aviez crucifié."

(d'après Actes 2/22-24)

**Grâce à tes parents,
grâce à tes amis,
grâce aux chrétiens que tu as connus
tu crois au Christ,
as-tu décidé de répondre à son appel, de le suivre ?**

VA !

Va et reconstruis ce monde
Va et enlève la colère de ces hommes,
Toi qui as le cœur pur.
Fais comprendre ce qu'est l'amour,
Toi qui es un enfant.
Donne ton cœur à ces milliers de gens
Va et chante l'amour.
Va et chante la joie.
Toi qui aimes pour un rien,
Toi qui pardonnes à tous,
Va et donne-leur l'amour.

Rêve d'une planète
Desclée de Brouwer

"Seigneur, je voudrais être de ceux
qui risquent leur vie,
qui donnent leur vie...
Car à quoi bon la vie,
si ce n'est pour la donner?
Seigneur, Toi qui est né au hasard d'un voyage,
Toi qui est mort comme un malfaiteur...

tire-moi de mon égoïsme et de mon confort.
Que, marqué du signe de ta croix,
je n'ai pas peur de la vie rude.
Rends-moi disponible pour la belle aventure où Tu m'appelles.
J'ai à engager ma vie, Jésus, sur ta Parole.
J'ai à jouer ma vie, Jésus, sur ton Amour.

Les autres peuvent bien être sages, tu m'as dit d'être fou. D'autres croient à l'ordre, tu m'as dit de croire à l'Amour. D'autres pensent qu'il faut conserver, tu m'as dit de donner. D'autres s'installent, tu m'as dit de marcher et d'être prêt à la joie et à la souffrance, aux échecs et aux réussites, de ne pas mettre ma confiance en moi mais en Toi, de jouer le jeu chrétien sans me soucier des conséquences. Et finalement, de risquer ma vie en comptant sur ton amour."

E. Joly
Panorama N° 162

Une Aventure

Lexique de l'aventure

LE RÊVE :

C'est tout ce qui nous vient à l'esprit
Je rêve de partir en Afrique, en Amérique... sur la lune !
Je rêve de...
Tous les **rêves** ne sont pas réalisables.

LE PROJET :

Parmi tous les rêves, il peut y avoir une idée qui s'impose à nous et qu'il est possible de réaliser... Prendre la décision de réaliser et voir comment cela peut se faire, c'est avoir un projet.
A plusieurs nous faisons le **projet** de monter un atelier-photo, un groupe théâtre, une équipe Tiers-Monde...
Quand il s'agit d'un projet qui concerne ce qui est le plus important dans la vie et qui fait appel au meilleur de nous-même, on l'appelle projet **de vie**.

LE CHOIX :

Pour passer du rêve au projet, il faut se décider entre une chose ou une autre... Je peux rêver d'être infirmier, aviateur ou médecin. Je suis obligé de **choisir**.

LE RISQUE :

Au moment où quelqu'un fait son choix, tout n'est pas clair pour lui... Il ne sait pas encore tout ce qui peut arriver d'imprévu... toutes les difficultés qu'il faudra vaincre...
Se décider malgré tout, c'est **risquer**.

FACE À LA VIE ET À L'AVENIR
TOUT N'EST PAS FORCEMENT TRÉS CLAIR...

Chacun veut avoir un ami
et personne ne s'occupe
d'en être un

(Alphonse KARR)

On n'a rien donné tant
qu'on n'a pas tout donné

(Guynemer)

Avoir un idéal, c'est avoir
une raison de vivre

(L. Bourgeois)

Dieu nous donne les noix...
mais il ne nous les casse pas.

L'espoir n'est pas dans les
rêves, mais dans les actes

(Josse Alzin)

Le chrétien est semeur de
joie, voilà pourquoi il fait
de grandes choses.

Les doigts ne sont pas tous
de même longueur.

La Joie est à ceux qui
donnent, et plus encore à
ceux qui se donnent.

(Leclercq)

La joie du cœur, voilà la vie
de l'homme
La gaîté, voilà qui prolonge
ses jours

(La Bible)

Ce qui importe dans la vie,
ce n'est pas tant l'endroit
où nous sommes que la
direction que nous prenons.

(Dolmes)

Le bonheur a bien des noms.

Le monde appartient aux
optimistes, les pessimistes
ne sont que des spectateurs.

(Guizot)

Ferme les yeux et tu verras.

(Joubert)

Le grillon heureux chante
hors de son trou.

Le métier de l'homme est
de se dépasser sans cesse.

(Eymieu)

Je n'ai pas d'idées
extraordinaires, mais celles
que j'ai, je les réalise.

(Foch)

Pour prier seul ou à plusieurs

Le chemin au bout du désespoir

"De la nuit la plus froide
naîtra toujours une lumière,
car tu es là, Seigneur,
et tu nous combles d'amour.
De nos échecs et de nos chutes
tu sais le nombre,
et c'est pour cela
que sans cesse jaillit ta lumière.
Dans le cœur de l'homme
tu fais luire ta tendresse,
et l'espoir paraît de nouveau,
les forces nous reviennent.
Dieu d'Amour, tu es et tu resteras
toujours
la lueur au cœur du doute,
le chemin au bout du désespoir".

Revue "Prier" n° 39

Je crie vers toi

J'en ai marre de l'école,
j'en ai marre des autres,
j'en ai marre de ce silence autour de moi,
j'en ai marre du doute qui m'assaille,
j'en ai marre des actions qui n'aboutissent pas,
j'en ai marre de ma sœur...
j'en ai marre de moi-même
j'en ai marre, marre, de ma vie.
Mais qu'est-ce que je vais faire ?
Oh ?
Dieu, tu es là ? Tu m'écoutes au moins ?
Heureusement, tu me restes, toi,
petite flamme au fond du cœur,
vacillante, mais tenace.

Revue "Prier" N° 39

Seigneur,
fais de moi un instrument de ta paix.
Là où il y a de la haine, **que je mette l'amour.**
Là où il y a l'offense, **que je mette le pardon.**
Là où il y a la discorde, **que je mette l'union.**
Là où il y a l'erreur, **que je mette la vérité.**
Là où il y a le doute, **que je mette la foi.**
Là où il y a le désespoir, **que je mette l'espérance.**
Là où il y a les ténèbres, **que je mette la lumière.**
Là où il y a la tristesse, **que je mette la joie.**

Saint François d'Assise.

Tu peux prendre une de ces prières

Et si tu en composais une ?

Vous pouvez aussi vous retrouver en équipe pour prier.

Ce jour-là deux disciples faisaient route vers un village appelé Emmaüs, à deux heures de marche de Jérusalem, et *ils parlaient ensemble de tout ce qui s'était passé.*
Or, tandis qu'ils parlaient en chemin, Jésus lui-même s'approcha, et il marchait avec eux. *Mais leurs yeux étaient aveuglés et ils ne le reconnaissaient pas.* Jésus leur dit : « De quoi causiez-vous donc tout en marchant ? » *Alors, ils s'arrêtèrent tout tristes.* L'un des deux nommés Cléophas répondit : « Tu es bien le seul, de tous ceux qui étaient à Jérusalem à ignorer les évènements de ces jours-ci. »
Il leur dit : « Quels évènements ? »
Ils répondirent : « Ce qui est arrivé à Jésus de Nazareth : cet homme était un prophète puissant par ses actes et ses paroles devant Dieu et devant tout le peuple. Les chefs des prêtres et nos dirigeants l'ont livré, *ils l'on fait condamner à mort* et ils l'ont crucifié. *Et nous qui espérions qu'il serait le libérateur d'Israël !*
Avec tout cela voici déjà le troisième jour qui passe depuis que c'est arrivé.

A vrai dire, nous avons été bouleversés par quelques femmes de notre groupe. Elles sont allées au tombeau de très bonne heure, et elles n'ont pas trouvé son corps ; elles sont même venues nous dire qu'elles avaient eu une apparition : des anges qui disaient qu'il est vivant. Quelques-uns de nos compagnons sont allés au tombeau et ils ont trouvé les choses comme les femmes l'avaient dit ; mais lui, ils ne l'ont pas vu.

Les disciples d'Emmaüs

Il leur dit alors : « *Comme votre cœur est lent à croire* tout ce qu'on dit les prophètes ! Ne fallait-il pas que le Messie souffrit tout cela pour entrer dans sa gloire ? » Et en partant de Moïse et de tous les prophètes, il leur expliqua dans toute l'Écriture ce qui le concernait. Quand ils approchèrent du village où ils se rendaient, Jésus fit semblant d'aller plus loi. Mais ils s'efforcèrent de le retenir : « Reste avec nous : le soir approche et déjà le jour baisse. » Il entra donc pour rester avec eux.

Quand il fut à table avec eux, il prit le pain, dit la bénédiction, le rompit et le leur donna. Alors leurs yeux s'ouvrirent et ils le reconnurent.

Mais il disparut à leurs regards. Alors ils se dirent l'un à l'autre : « Notre cœur n'était-il pas tout brûlant en nous, tandis qu'il nous parlait sur la route, et qu'il nous faisait comprendre les Écritures ? »
A l'instant même ils se levèrent et retournèrent à Jérusalem.
Ils y trouvèrent réunis les onze Apôtres et leurs compagnons, qui leur dirent :
« C'est vrai ! Le Seigneur est ressuscité : il est apparu à Simon-Pierre. »
A leur tour, ils racontaient ce qui s'était passé sur la route, et comment ils l'avaient reconnu quand il avait rompu le pain.

(Luc **24**, 13-35)

emmaüs

paroles et musique
Noël Colombier

2 On disait que ce Jésus
C'est fini : ils l'ont bien eu
On croyait que c'était lui
Que c'était lui le Messie.

3 Alors l'inconnu leur dit :
" Vous n'avez donc rien compris "
" Il fallait bien qu'il souffrît,
Souv'nez-vous, c'était écrit."

4 Puis avec eux il mangea
Prit du pain, le partagea.
Brusquement il disparut
Tout comme il était venu.

5 Mais depuis, du fond du cœur
Ils savent que c'est le Seigneur
Car leur cœur se réchauffait
Lorsque l'inconnu parlait.

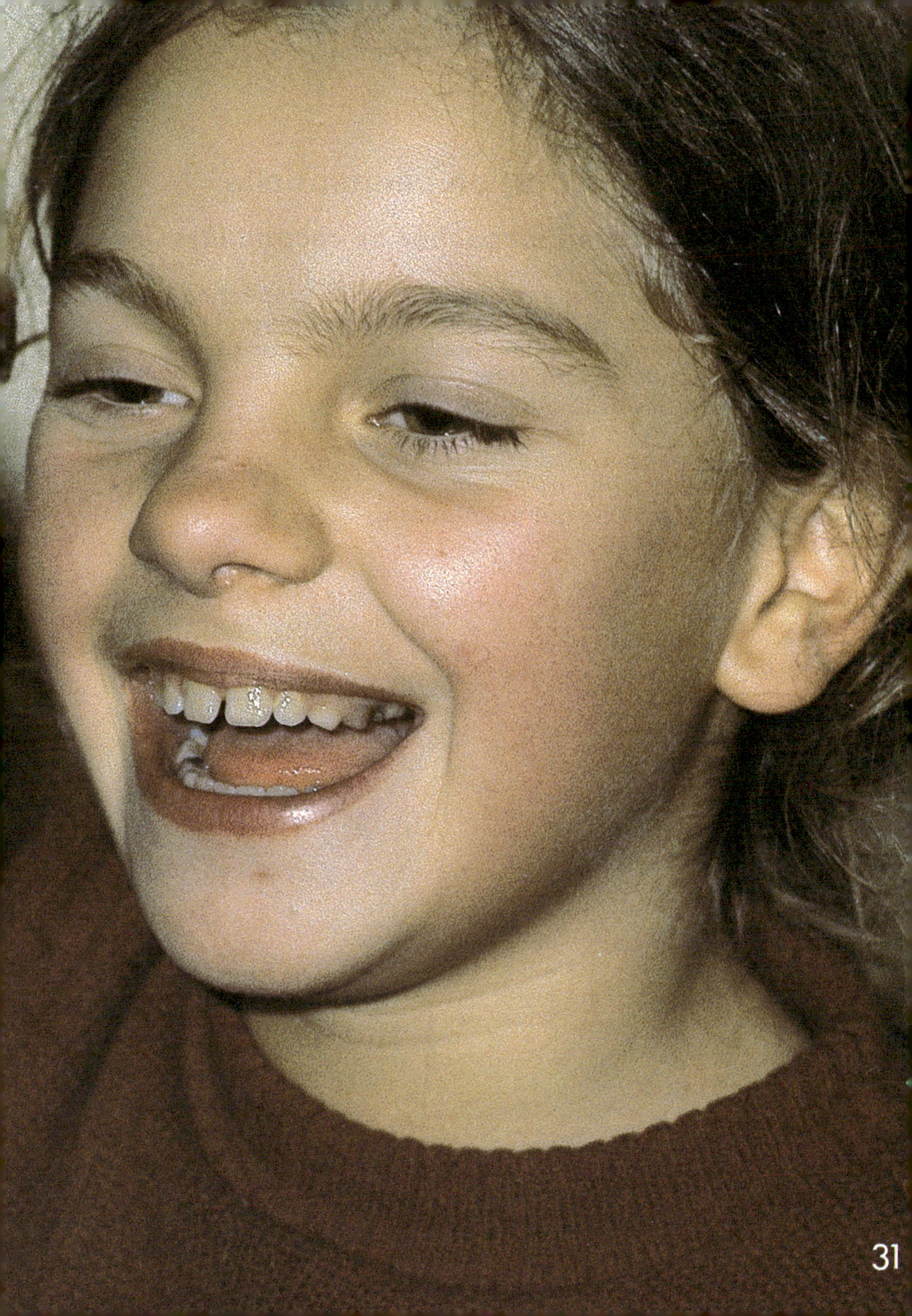

Célébration pénitentielle

"Leurs yeux sont empêchés de reconnaître Jésus"

Nos yeux sont parfois fermés, cela nous empêche de vivre avec le Christ, de le reconnaître dans notre vie.
Prenons le temps de réfléchir sur ce que nous vivons.
Qu'est-ce qui nous empêche :

- d'accueillir le Christ dans notre vie,
- d'aimer,
- d'oser, de risquer, d'aller de l'avant,
- de rencontrer Dieu, de témoigner,
- de rencontrer ceux qui m'entourent,
- de choisir.

Pour prier seul ou avec d'autres

Tu es venu partager la vie des hommes.
Tu nous montres le visage de Dieu
Merci, Seigneur

Nous ne savons pas toujours reconnaître que c'est toi qui nous fais signe quand un ami a besoin de nous, quand un camarade nous lance un appel.
Pardon, Seigneur.

Pour ton amour offert à tous les hommes
Parce que tu nous aimes tels que nous sommes et que tu nous proposes toujours ton pardon.
Merci, Seigneur.

Parce que nous ne répondons pas à ton amour
Parce que nous ne comptons que sur nous-mêmes.
Pardon, Seigneur.

Seigneur tu as risqué ta vie jusqu'à mourir sur la croix.
Tu nous as choisis à la suite de Pierre, de Paul,
des disciples pour témoigner de l'Évangile.
Merci, Seigneur.

Pour nos hésitations, nos refus, nos silences.
Pardon, Seigneur.

En accueillant Jésus, ils ont retrouvé l'espérance.

Pour les douze,
La rencontre de Jésus a été lourde de conséquences.
Comment auraient-ils pu imaginer qu'un jour
ils abandonneraient leur famille, leur métier ?
Ils seront les premiers à parcourir villes et villages
pour faire connaître la Bonne Nouvelle.
Avec Jésus, tout est devenu nouveau dans leur existence.

D'autres ont rencontré Jésus et leur vie en a été transformée :

Saint Pierre : Jean 6. 60-71

Zachée : Luc 19. 1-10

Le jeune homme riche : Marc 10. 17-23

Un centurion romain : Luc 7. 1-10

La samaritaine : Jean 4. 1-42

La femme adultère : Jean 8. 1-11

Un aveugle : Jean 9. 1-41

Une pècheresse : Luc 7. 36-50

ENSEMBLE

Abraham, père des croyants

Marié à SARA qui ne lui a pas encore donné d'enfants,
ABRAHAM, chef d'une tribu nomade
vit en MESOPOTAMIE (aujourd'hui l'IRAK)
comme les gens de son pays, ABRAHAM adore la lune
qui a une action sur le temps, les moissons,
la naissance des animaux et des enfants.
Vers 1850, sa tribu quitte ce pays pour se rendre
en CANAAN.
Là on adore "EL", le chef de tous les dieux.
La vie d'Abraham devient alors une longue
découverte de ce Dieu Unique auquel il croit.

"Va, quitte ton pays, ta parenté, la maison
de ton père, pour ce pays que je t'indiquerai.
Je ferai de toi un grand peuple, je te bénirai,
je rendrai grand ton nom.
Par toi seront bénies toutes les nations de la terre."

Genèse 12, 1, 3

Dans la foi
Amos, le prophète assoiffé de justice

Vers 750 avant Jésus-Christ, Amos est berger principal des troupeaux du roi à Tekoah (à 8 km de Bethléem). Il est écœuré de ce qu'il voit.
Les riches écrasent les pauvres ; les commerçants font payer plus cher que le prix. Certains vivent dans le luxe, alors que d'autres meurent de faim.

Au nom de sa foi en Dieu, Amos dénonce avec vigueur toutes les injustices.

"Écoutez ceci, vous qui écrasez le pauvre
et voudriez faire disparaître les humbles du pays,
vous qui dites :
"Quand donc sera passée la nouvelle lune
pour que nous vendions du grain,
et le sabbat, que nous écoulions le froment ?
Nous diminuerons la mesure, nous augmenterons
le sicle, nous fausserons les balances pour tromper.
Nous achèterons les faibles à prix d'argent et le pauvre
pour une paire de sandales ; et nous vendrons
les déchets du froment."
Yahvé l'a juré par l'orgueil de Jacob :
Jamais je n'oublierai aucune de leurs actions.

Livre d'Amos 8, 4-7

Recherchez le bien
et non le mal,
afin que vous viviez,
et qu'ainsi Yahvé, Dieu Sabaot,
soit avec vous,
comme vous le dites."

Livre d'Amos 5, 14

Paul, un passionné du Christ

Juif d'origine, grand pratiquant de sa religion, Paul, alors appelé Saül, a commencé par persécuter les chrétiens.

Converti sur le chemin de Damas, il se donne entièrement à Jésus-Christ et consacre toute sa vie à prêcher l'Évangile.

"Je n'ai pas encore atteint le but...
Je poursuis ma course...
Je n'ai qu'une pensée,
Oubliant le chemin parcouru,
tendu tout entier en avant,
je cours droit vers le but
pour répondre à l'appel que Jésus
me lance de la part de Dieu."

Ph 3, 12-15

Justin vers 130

Saint Justin est né en Palestine vers 100, il étudie la philosophie, est baptisé vers 130. Il s'installe à Rome pour enseigner. Il décrit ici les rencontres entre Chrétiens :

"Le jour que l'on appelle le jour du Soleil, tous, dans les villes et à la campagne, se réunissent en un même lieu : On lit les mémoires des Apôtres et les écrits des Prophètes, autant que le temps le permet. Quand le lecteur a fini, celui qui préside fait un discours pour avertir et exhorter à l'imitation de ces beaux enseignements. Ensuite nous nous levons tous, et nous prions ensemble à haute voix. Puis... on apporte du pain, avec du vin et de l'eau. Celui qui préside fait monter au ciel des prières et des eucharisties, autant qu'il peut, et tout le peuple répond par l'acclamation "Amen". Puis a lieu la distribution et le partage du corps et du sang du Christ, et l'on envoie leur part aux absents par le ministère des diacres."

Oscar Roméro, évêque et martyr

Monseigneur ROMERO était archevêque de San Salvador. Le Salvador est un petit pays de l'Amérique Centrale, qui est aujourd'hui en proie à l'injustice et à la violence de toute sorte. Chaque jour des gens sont assassinés.
Lorsqu'en 1977, il est nommé archevêque, il prend tout de suite position pour les faibles et les opprimés. Il réclame une meilleure justice et prêche la réconciliation.

"Personne n'a le droit de porter la main sur un autre homme, car l'homme est à l'image de Dieu" dit-il
"Nous ne pouvons pas nous taire" s'écrie-t-il en Juillet 1979.

Et quelques semaines avant sa mort, il s'exclame : *"la voix de la justice personne ne peut la tuer."*
Il meurt assassiné d'une balle en pleine poitrine, alors qu'il célébrait la messe.

A Ivry : Madeleine Delbrel

A 15 ans, elle ne croyait pas en Dieu ; elle était athée.
A 20 ans elle découvre Dieu, en rencontrant des chrétiens, des garçons et des filles, qui croyaient vraiment en Dieu.
Pendant quelques années, elle hésite sur le chemin à suivre pour mieux vivre l'Évangile. Elle pense être religieuse. Après avoir réfléchi, elle décide de continuer ses études d'assistance sociale. En 1933, elle s'installe à Ivry : un grand centre industriel dans la banlieue parisienne.

Le Maire d'Ivry, ainsi que tous les membres du conseil municipal sont communistes. Autour d'elle beaucoup de gens disent que Dieu n'existe pas et que croire n'a pas de sens.
Madeleine n'hésite pas, avec ses compagnes et le curé d'Ivry, a les rencontrer. A l'époque c'était chose rare. Mais Madeleine pense qu'un chrétien ne doit pas être étranger à l'effort des hommes pour la construction d'un monde meilleur.

Éblouie à 20 ans par la bonté de Jésus-Christ, elle s'efforce jusqu'à sa mort de le faire connaître autour d'elle.
"La Foi est faite pour que l'amour de Dieu soit révélé aux hommes de tous les temps..." dit-elle. Elle ajoute : "La Foi transforme les évènements de notre vie en évènements de la vie de Dieu".

Daniel

Fils d'un berger dont il hérite l'amour des grands espaces, Daniel, d'ébéniste qu'il était, devient sculpteur. Il est poète aussi et chante à l'occasion.

Un jour, un accident stupide le frappe en plein bonheur : celle qu'il aimait meurt. Il "touche alors le fond" comme il dit.

Il essaie pourtant de s'en sortir. Pendant plus d'un an il travaille à fabriquer du matériel à l'usage des handicapés.

Aujourd'hui, installé dans sa ferme de Rancourt, petit village de la Meuse, il accueille des jeunes pour les aider à s'en sortir...

La vie de Daniel ne tient pas du miracle mais son histoire montre que tout être peut renaître.

Adolfo Perez Esquivel

Un défenseur des pauvres en Amérique Latine

Voici quelques phrases de ce qu'il a dit quand on lui a remis le prix Nobel de la Paix en 1981.

"C'est en compagnie de mes frères les plus pauvres que je marche, en compagnie de ceux qui sont pourchassés, de ceux qui ont faim et soif de justice, de ceux qui sont victimes de l'oppression, de ceux qu'angoisse la perspective de la guerre, de ceux qui subissent l'aggression ou la violence ou sont privés des droits les plus élémentaires.

Ma voix voudrait avoir la force de la voix des humbles.

Je vis cependant, dans l'espérance, car j'ai le sentiment que l'Amérique Latine est un continent qui s'est mis debout...

Nous vivons dans l'espérance, parce que nous croyons comme Saint Paul, que l'amour ne meurt jamais".

(Panorama Mars 1982)

***ce que nous avons entendu,
ce que nous avons vu de nos propres yeux,
ce que nous avons contemplé,
ce que nos mains ont touché de Jésus...
nous vous l'annonçons à vous aussi
afin que vous soyez en communion avec nous.
Nous vous écrivons cela
pour que votre joie soit complète.***

I Jean 1, 1-4

(Panorama Juillet-Août 1982)

**Nous sommes croyants parce que d'autres
ont témoigné de leur Foi.
Nous ne pouvons croire sans chercher à
rejoindre d'autres croyants.
Nous ne pouvons croire sans croire avec d'autres.
Avec tous ceux qui nous ont précédés
ensemble
nous sommes la mémoire vivante de l'Église.**

Et nous, aujourd'hui

L'HOMME DE LA MONTAGNE

Au cœur d'un massif montagneux, un petit village se niche dans le creux d'une vallée. Ce village est dominé par une falaise rocheuse dont le sommet dessine, gravé par la nature, un admirable visage d'homme. Les habitants de la vallée disent : "L'homme de la montagne" et se transmettent de génération en génération, cette promesse et cette légende : un jour, l'homme de la montagne viendra vivre dans la vallée et toute le monde alors sera heureux.
Vient à naître et à grandir dans le village un petit garçon, Jean, qui a entendu, comme tous, la légende et la promesse. Jean est fasciné par ce visage ; chaque matin au réveil, il se précipite à la fenêtre et regarde et contemple ; le soir venu, de la vallée déjà plongée dans la nuit, il regarde les derniers feux du soleil transfigurer la face ; "Que tu es beau, dit-il, toi qui n'as que lumière... Viens donc que nous soyons heureux... pourquoi ne viens-tu pas ? Pourquoi tardes-tu ?"
Les années passent, Jean grandit ; toujours habité par la fascination du Visage, toujours admirant, toujours suppliant.
Puis un jour vint où Jean se dit : "Il ne saurait tarder. On nous a dit que nous serons heureux lorsqu'il sera là. Si nous commencions à tenter d'être heureux, si nous préparions les chemins."
Et le jeune homme se fit artisan de paix et de bonheur. Fleurs aux fenêtres, querelles apaisées, fêtes et partages, adduction d'eau et ciné-club.
Sous l'impulsion de Jean jour après jour, le village se mit à vivre d'une vie plus humaine. Et Jean, toujours de contempler, d'attendre et d'appeler.
Mais en vain : l'homme de la montagne ne quittait pas sa falaise.
Vint un jour pourtant, jour de Noël ou de printemps, on ne sait, où un bruit se mit à courir de bouche à oreille dans le village : Avez-vous vu Jean... Mais regardez donc Jean... Comme il veut ressembler à l'homme de la montagne... On dirait l'Homme de la montagne".

SOLIDAIRE

"Il les envoie deux par deux"

Jésus parcourait les villages à l'entour en enseignant. Ce fut alors qu'il appela les douze et commença à les envoyer en mission deux par deux.
Il leur donnait autorité sur les Esprits du Mal, leur prescrivant de ne rien prendre pour la route, un bâton excepté, ni pain, ni besace, ni monnaie pour la ceinture, mais des sandales aux pieds. Il leur disait : "Dans quelque maison que vous entriez, demeurez-y jusqu'à ce que vous partiez de là."
Ils s'en allèrent proclamer qu'il faut changer les cœurs...

(Marc 6, 6-10)

Il n'est pas possible de tout saisir de l'Évangile,
mais si vous avez compris une seule parole,
un seul geste, presque rien, alors vivez cette parole,
ce geste, aussitôt et intensément.
Une fois un premier pas assuré,
il ouvrira aux pas suivants!"

Frère Roger SCHUTZ Taizé

Signatures des amis rencontrés

Que veux-tu vivre avec d'autres l'année prochaine ?

Que tout ce qui vit et respire chante la louange du Seigneur

Louez Dieu dans son sanctuaire
Louez-le au plus haut des cieux.
Louez-le pour ses œuvres merveilleuses,
Louez-le dans toute sa splendeur.

Louez-le
pour l'éclat du cor
Louez-le
par la harpe et la cithare,
Louez-le
par les guitares et les flûtes
Louez-le
par la danse et le tambour.
Louez-le
par les cymbales sonores
Louez-le
par les cymbales retentissantes.

Que tout ce qui vit et respire
chante pour le Seigneur.

Ps. 150